yukismart.com/b/68d0ab

fille

女孩

nǚ hái

garçon

男孩

nán hái

maman
妈妈
mā ma

papa
爸爸
bà ba

jeune

年轻

nián qīng

vieux

年长

nián zhǎng

enfant

小孩
xiǎo hái

adulte

成人
chéng rén

accepter

赞成

zàn chéng

refuser

拒绝

jù jué

oui

是
shì

non

否
fǒu

sourire

微笑

wēi xiào

pleurer

哭

kū

heureux

高兴
gāo xīng

triste

伤心
shāng xīn

seul

独自

dú zì

ensemble

一起

yì qǐ

bruit

噪音

zào yīn

silence

安静

ān jìng

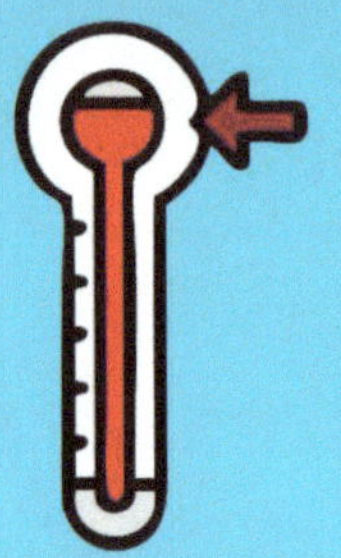

chaud

热

rè

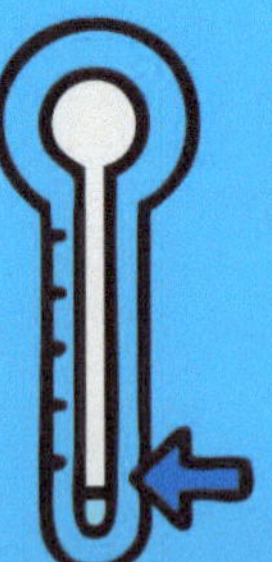
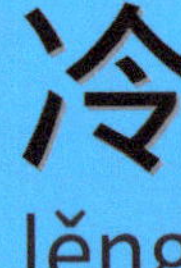

froid

冷

lěng

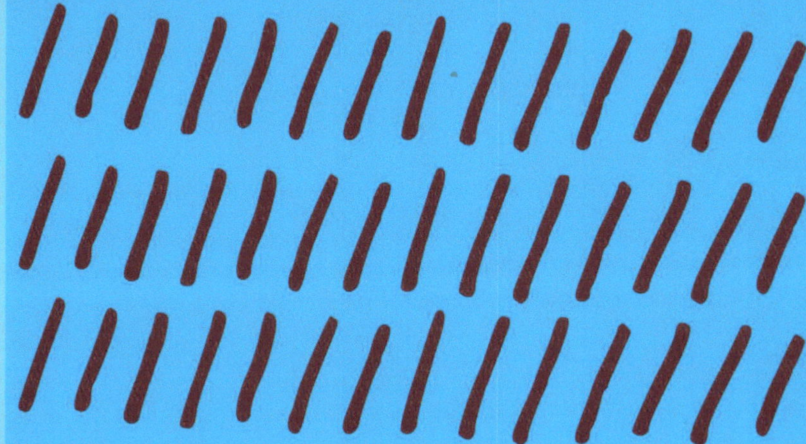

un peu
一点
yì diǎn

beaucoup
很多
hěn duō

solide
固体
gù tǐ

liquide
液体
yè tǐ

court

短

duǎn

long

长

zhǎng

lent

慢

màn

rapide

快

kuài

minuscule

微小

wēi xiǎo

petit

小

xiǎo

grand

大

dà

énorme

庞大

páng dà

dedans
里面
lǐ miàn

dehors
外面
wài miàn

gonflé
充气
chōng qì

dégonflé
泄气
xiè qì

sur

在上面
zài shàng miàn

sous

下面
xià miàn

sale
脏
zàng

propre
干净
gān jìng

identique
相同
xiāng tóng

différent
不同
bù tóng

gauche
左
zuǒ

droite
右
yòu

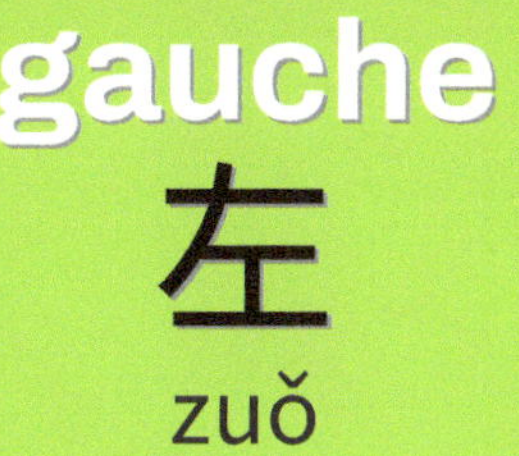

faux
错误
cuò wù

correct
正确
zhèng què

mince

薄

báo

épais

厚

hòu

facile

容易

róng yì

difficile

困难

kùn nán

fermé

关
guān

ouvert

打开
dǎ kāi

grand

高

gāo

petit

矮

ǎi

en bonne santé

健康

jiàn kāng

malade

生病

shēng bìng

jour

白天

bái tiān

nuit

夜晚

yè wǎn

jouer

玩

wán

dormir

睡觉

shuì jiào

ensoleillé
晴天
qíng tiān

nuageux
阴天
yīn tiān

pluvieux
雨天
yǔ tiān

orageux
雷雨天
léi yǔ tiān

blanc
白色
bái sè

noir
黑色
hēi sè

couleurs claires
浅色
qiǎn sè

couleurs foncées
深色
shēn sè

sucré

甜

tián

acide

酸

suān

salé

咸

xián

amer

苦

kǔ

entier

完整

wán zhěng

moitié

一半

yí bàn

rempli

满

mǎn

vide

空

kōng

manger

吃

chī

boire

喝

hē

près
近
jìn

loin
远
yuǎn

là

那里
nà lǐ

ici

这里
zhè lǐ

debout

站立

zhàn lì

allongé

躺下

tǎng xià

assis

坐下

zuò xia

cheveux bouclés
卷发
juǎn fà

cheveux raides
直发
zhí fà

trempé

湿透

shī tòu

mouillé

湿

shī

sec

干燥

gān zào

devant
在前面
zài qián miàn

derrière
在后面
zài hòu miàn

entre
在中间
zài zhōng jiān

à côté de
在旁边
zài páng biān

toit

屋顶

wū dǐng

sol

地板

dì bǎn

lourd

重
zhòng

léger

轻
qīng

fragile

易碎

yì suì

robuste

坚硬

jiān yìng

faible

弱

ruò

fort

强

qiáng

piquant

尖
jiān

doux

软
ruǎn

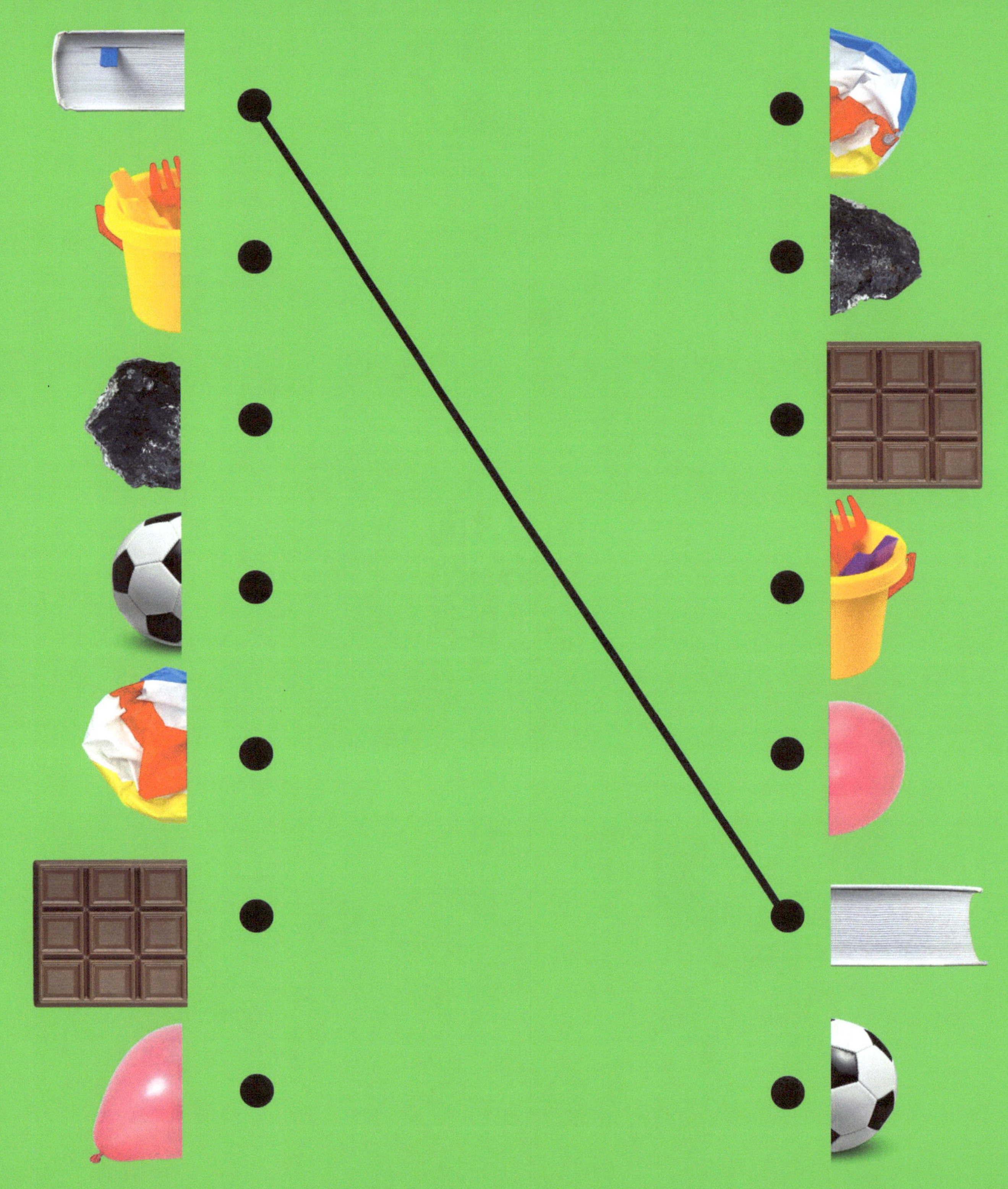